COLEÇÃO
GRANDES OBRAS
VERMELHO MARINHO

CANCIONEIRO

FERNANDO PESSOA

1ª EDIÇÃO - 2019
RIO DE JANEIRO, RJ

Editor-chefe:
Tomaz Adour

Revisão:
Equipe Vermelho Marinho

Projeto Gráfico:
Editora Estronho (Marcelo Amado)

Arabesco da arte da capa e miolo:
Garry Killian

Texto revisado e atualizado conforme definições do novo Acordo Ortográfico da Língua Portuguesa de 2009.

Pessoa, Fernando
Cancioneiro / Fernando Pessoa
Rio de Janeiro: Vermelho Marinho, 2019.
110 p. 14 x 21cm
ISBN: 978-85-8265-127-8
1. Literatura Portuguesa. 2. Clássicos. 3. Poesia 4.Título.
CDD 869

EDITORA VERMELHO MARINHO USINA DE LETRAS LTDA
Rio de Janeiro — Departamento Editorial:
Avenida Gilka Machado, 315 — bloco 2 — casa 6
Recreio dos Bandeirantes — Rio de Janeiro — RJ
CEP: 22795-570

www.editoravermelhomarinho.com.br

VERMELHO MARINHO

SUMÁRIO

CANCIONEIRO

NOTA PRELIMINAR

1. Em todo o momento de atividade mental acontece em nós um duplo fenômeno de percepção: ao mesmo tempo que tempos consciência dum estado de alma, temos diante de nós, impressionando-nos os sentidos que estão virados para o exterior, uma paisagem qualquer, entendendo por paisagem, para conveniência de frases, tudo o que forma o mundo exterior num determinado momento da nossa percepção.

2. Todo o estado de alma é uma passagem. Isto é, todo o estado de alma é não só representável por uma paisagem, mas verdadeiramente uma paisagem. Há em nós um espaço interior onde a matéria da nossa vida física se agita. Assim uma tristeza é um lago morto dentro de nós, uma alegria um dia de sol no nosso espírito. E — mesmo que se não queira admitir que todo o estado de alma é uma paisagem — pode ao menos admitir-se que todo o estado de alma se pode representar por uma paisagem. Se eu disser "Há sol nos meus pensamentos", ninguém compreenderá que os meus pensamentos são tristes.

3. Assim, tendo nós, ao mesmo tempo, consciência do exterior e do nosso espírito, e sendo o nosso espírito uma paisagem, tempos ao mesmo tempo consciência de duas paisagens. Ora, essas paisagens fundem-se, interpenetram-se, de modo que o nosso estado de alma, seja ele qual for, sofre um pouco da paisagem que estamos vendo — num dia de sol uma alma triste não pode estar tão triste como num dia de chuva — e, também, a paisagem exterior sofre do nosso estado de alma — é de todos os tempos dizer-se, sobretudo em verso, coisas como que "na ausência da amada o sol não brilha", e outras coisas assim. De maneira que a arte que queira representar bem a realidade terá de a dar através duma representação simultânea da paisagem interior e da paisagem exterior. Resulta que terá de tentar dar uma intersecção de duas paisagens. Tem de ser duas paisagens, mas pode ser — não se querendo admitir que um estado de alma é uma paisagem — que se queira simplesmente interseccionar um estado de alma (puro e simples sentimento) com a paisagem exterior. [...]

ABAT-JOUR

A lâmpada acesa
(Outrem a acendeu)
Baixa uma beleza

Sobre o chão que é meu.
No quarto deserto
Salvo o meu sonhar,
Faz no chão incerto
Um círculo a ondear.

E entre a sombra e a luz
Que oscila no chão
Meu sonho conduz
Minha inatenção.

Bem sei... Era dia
E longe de aqui...
Quanto me sorria
O que nunca vi!

E no quarto silente
Com a luz a ondear
Deixei vagamente
Até de sonhar...

ABDICAÇÃO

Toma-me, ó noite eterna, nos teus braços
E chama-me teu filho. Eu sou um rei
que voluntariamente abandonei
O meu trono de sonhos e cansaços.

Minha espada, pesada a braços lassos,
Em mãos viris e calmas entreguei;
E meu cetro e coroa — eu os deixei
Na antecâmara, feitos em pedaços

Minha cota de malha, tão inútil,
Minhas esporas de um tinir tão fútil,
Deixei-as pela fria escadaria.

Despi a realeza, corpo e alma,
E regressei à noite antiga e calma
Como a paisagem ao morrer do dia.

ABISMO

Olho o Tejo, e de tal arte
Que me esquece olhar olhando,
E súbito isto me bate
De encontro ao devaneando —
O que é sério, e correr?
O que é está-lo eu a ver?

Sinto de repente pouco,
Vácuo, o momento, o lugar.
Tudo de repente é oco —
Mesmo o meu estar a pensar.
Tudo — eu e o mundo em redor —
Fica mais que exterior.

Perde tudo o ser, ficar,
E do pensar se me some.
Fico sem poder ligar
Ser, ideia, alma de nome
A mim, à terra e aos céus...
E súbito encontro Deus.

A GRANDE ESFINGE DO EGITO

A Grande Esfinge do Egito
Sonha por este papel dentro...
Escrevo — e ela aparece-me através da minha mão transparente
E ao canto do papel erguem-se as pirâmides...

Escrevo — perturbo-me de ver o bico da minha pena
Ser o perfil do rei Quéops...
De repente paro...
Escureceu tudo... Caio por um abismo feito de tempo...

Estou soterrado sob as pirâmides a escrever versos à luz clara deste candeeiro
E todo o Egito me esmaga de alto através dos traços que faço com a pena...

Ouço a Esfinge rir por dentro
O som da minha pena a correr no papel...
Atravessa o eu não poder vê-la uma mão enorme,
Varre tudo para o canto do teto que fica por detrás de mim,
E sobre o papel onde escrevo, entre ele e a pena que escreve
Jaz o cadáver do rei Quéops, olhando-me com olhos muito abertos,
E entre os nossos olhares que se cruzam corre o Nilo
E uma alegria de barcos embandeirados erra
Numa diagonal difusa
Entre mim e o que eu penso...

Funerais do rei Quéops em ouro velho e Mim!...

A MINHA VIDA É UM BARCO ABANDONADO

A minha vida é um barco abandonado
Infiel, no ermo porto, ao seu destino.
Por que não ergue ferro e segue o atino
De navegar, casado com o seu fado?

Ah! falta quem o lance ao mar, e alado
Torne seu vulto em velas; peregrino
Frescor de afastamento, no divino
Amplexo da manhã, puro e salgado.

Morto corpo da ação sem vontade
Que o viva, vulto estéril de viver,
Boiando à tona inútil da saudade.

Os limos esverdeiam tua quilha,
O vento embala-te sem te mover,
E é para além do mar a ansiada Ilha.

A MORTE CHEGA CEDO

A morte chega cedo,
Pois breve é toda vida
O instante é o arremedo
De uma coisa perdida.

O amor foi começado,
O ideal não acabou,
E quem tenha alcançado
Não sabe o que alcançou.

E tudo isto a morte
Risca por não estar certo
No caderno da sorte
Que Deus deixou aberto.

ANDEI LÉGUAS DE SOMBRA

Andei léguas de sombra
Dentro em meu pensamento.
Floresceu às avessas
Meu ócio com sem-nexo,
E apagaram-se as lâmpadas
Na alcova cambaleante.

Tudo prestes se volve
Um deserto macio
Visto pelo meu tato
Dos veludos da alcova,
Não pela minha vista.
Há um oásis no Incerto
E, como uma suspeita
De luz por não-há-frinchas,
Passa uma caravana.

Esquece-me de súbito
Como é o espaço, e o tempo
Em vez de horizontal
É vertical.

A ALCOVA

Desce não sei por onde
Até não me encontrar.
Ascende um leve fumo
Das minhas sensações.
Deixo de me incluir
Dentro de mim. Não há
Cá-dentro nem lá-fora.

E o deserto está agora
Virado para baixo.

A noção de mover-me
Esqueceu-se do meu nome.
Na alma meu corpo pesa-me.
Sinto-me um reposteiro
Pendurado na sala
Onde jaz alguém morto.

Qualquer coisa caiu
E tiniu no infinito.

AO LONGE, AO LUAR

Ao longe, ao luar,
No rio uma vela,
Serena a passar,
Que é que me revela?

Não sei, mas meu ser
Tornou-se-me estranho,
E eu sonho sem ver
Os sonhos que tenho.

Que angústia me enlaça?
Que amor não se explica?
É a vela que passa
Na noite que fica.

AQUI ONDE SE ESPERA

Aqui onde se espera
— Sossego, só sossego —
Isso que outrora era,

Aqui onde, dormindo,
— Sossego, só sossego —
Se sente a noite vindo,

E nada importaria
— Sossego, só sossego —
Que fosse antes o dia,

Aqui, aqui estarei
— Sossego, só sossego —
Como no exílio um rei,

Gozando da ventura
— Sossego, só sossego —
De não ter a amargura

De reinar, mas guardando
— Sossego, só sossego —
O nome venerando...

Que mais quer quem descansa
— Sossego, só sossego —
Da dor e da esperança,

Que ter a negação
— Sossego, só sossego —
De todo o coração?

AS HORAS PELA ALAMEDA

As horas pela alameda
Arrastam vestes de seda,

Vestes de seda sonhada
Pela alameda alongada

Sob o azular do luar...
E ouve-se no ar a expirar —

A expirar mas nunca expira —
Uma flauta que delira,

Que é mais a ideia de ouvi-la
Que ouvi-la quase tranquila

Pelo ar a ondear e a ir...
Silêncio a tremeluzir...

AS MINHAS ANSIEDADES

As minhas ansiedades caem
Por uma escada abaixo.
Os meus desejos balouçam-se
Em meio de um jardim vertical.

Na Múmia a posição é absolutamente exata.

Música longínqua,
Música excessivamente longínqua,
Para que a Vida passe
E colher esqueça aos gestos.

ASSIM, SEM NADA FEITO E O POR FAZER

Assim, sem nada feito e o por fazer
Mal pensado, ou sonhado sem pensar,
Vejo os meus dias nulos decorrer,
E o cansaço de nada me aumentar.

Perdura, sim, como uma mocidade
Que a si mesma se sobrevive, a esperança,
Mas a mesma esperança o tédio invade,
E a mesma falsa mocidade cansa.

Tênue passar das horas sem proveito,
Leve correr dos dias sem ação,
Como a quem com saúde jaz no leito
Ou quem sempre se atrasa sem razão.

Vadio sem andar, meu ser inerte
Contempla-me, que esqueço de querer,
E a tarde exterior seu tédio verte
Sobre quem nada fez e nada quer.

Inútil vida, posta a um canto e ida
Sem que alguém nela fosse, nau sem mar,
Obra solentemente por ser lida,
Ah, deixem-se sonhar sem esperar!

AS TUAS MÃOS TERMINAM EM SEGREDO

As tuas mãos terminam em segredo.
Os teus olhos são negros e macios
Cristo na cruz os teus seios (?) esguios
E o teu perfil princesas no degredo...

Entre buxos e ao pé de bancos frios
Nas entrevistas alamedas, quedo
O vendo põe o seu arrastado medo
Saudoso a longes velas de navios.

Mas quando o mar subir na praia e for
Arrasar os castelos que na areia
As crianças deixaram, meu amor,

Será o haver cais num mar distante...
Pobre do rei pai das princesas feias
No seu castelo à rosa do Levante!

ÀS VEZES ENTRE A TORMENTA

Às vezes entre a tormenta,
quando já umedeceu,
raia uma nesga no céu,
com que a alma se alimenta.

E às vezes entre o torpor
que não é tormenta da alma,
raia uma espécie de calma
que não conhece o langor.

E, quer num quer noutro caso,
como o mal feito está feito,
restam os versos que deito,
vinho no copo do acaso.

Porque verdadeiramente
sentir é tão complicado
que só andando enganado
é que se crê que se sente.

Sofremos? Os versos pecam.
Mentimos? Os versos falham.
E tudo é chuvas que orvalham
folhas caídas que secam.

ATRAVESSA ESTA PAISAGEM O MEU SONHO

Atravessa esta paisagem o meu sonho dum porto infinito
E a cor das flores é transparente de as velas de grandes navios
Que largam do cais arrastando nas águas por sombra
Os vultos ao sol daquelas árvores antigas...

O porto que sonho é sombrio e pálido
E esta paisagem é cheia de sol deste lado...
Mas no meu espírito o sol deste dia é porto sombrio
E os navios que saem do porto são estas árvores ao sol...

Liberto em duplo, abandonei-me da paisagem abaixo...
O vulto do cais é a estrada nítida e calma
Que se levanta e se ergue como um muro,
E os navios passam por dentro dos troncos das árvores
Com uma horizontalidade vertical,
E deixam cair amarras na água pelas folhas uma a uma dentro...

Não sei quem me sonho...
Súbito toda a água do mar do porto é transparente
E vejo no fundo, como uma estampa enorme que lá estivesse desdobrada,
Esta paisagem toda, renque de árvore, estrada a arder em aquele porto,
E a sombra duma nau mais antiga que o porto que passa
Entre o meu sonho do porto e o meu ver esta paisagem
E chega ao pé de mim, e entra por mim dentro,
E passa para o outro lado da minha alma...

AUTOPSICOGRAFIA

O poeta é um fingidor.
Finge tão completamente
Que chega a fingir que é dor
A dor que deveras sente.

E os que leem o que escreve,
Na dor lida sentem bem,
Não as duas que ele teve,
Mas só a que eles não têm.

E assim nas calhas de roda
Gira, a entreter a razão,
Esse comboio de corda
Que se chama coração.

(?) AZUL OU VERDE OU ROXO

Azul, ou verde, ou roxo quando o sol
O doura falsamente de vermelho,
O mar é áspero (?), casual (?) ou mol(e),
É uma vez abismo e outra espelho.
Evoco porque sinto velho
O que em mim quereria mais que o mar
Já que nada ali há por desvendar.

Os grandes capitães e os marinheiros
Com que fizeram a navegação,
Jazem longínquos, lúgubres parceiros
Do nosso esquecimento e ingratidão.

Só o mar às vezes, quando são
Grandes as ondas e é deveras mar
Parece incertamente recordar.

Mas sonho... O mar é água, é água nua,
Serva do obscuro ímpeto distante
Que, como a poesia, vem da lua
Que uma vez o abate outra o levanta.
Mas, por mais que descante
Sobre a ignorância natural do mar,
Pressinto-o, vasante, a murmurar.

Quem sabe o que é a alma? Quem conhece
Que alma há nas coisas que parecem mortas.
Quanto em terra ou em nada nunca esquece.
Quem sabe se no espaço vácuo há portas?

O sonho que me exortas
A meditar assim a voz do mar,
Ensina-me a saber-te meditar.

Capitães, contramestres — todos nautas
Da descoberta infiel de cada dia
Acaso vos chamou de ignotas flautas
A vaga e impossível melodia.
Acaso o vosso ouvido ouvia
Qualquer coisa do mar sem ser o mar
Sereias só de ouvir e não de achar?

Quem atrás de intérminos oceanos
Vos chamou à distância ou quem
Sabe que há nos corações humanos
Não só uma ânsia natural de bem
Mas, mais vaga, mais sutil também
Uma coisa que quer o som do mar
E o estar longe de tudo e não parar.

Se assim é e se vós e o mar imenso
Sois qualquer coisa, vós por o sentir
E o mar por o ser, disto que penso;
Se no fundo ignorado do existir
Há mais alma que a que pode vir
À tona vã de nós, como à do mar
Fazei-me livre, enfim, de o ignorar.

Dai-me uma alma transposta de argonauta,
Fazei que eu tenha, como o capitão
Ou o contramestre, ouvidos para a flauta
Que chama ao longe o nosso coração,
Fazei-me ouvir, como a um perdão,
Numa reminiscência de ensinar,
O antigo português que fala o mar!

BALADAS DE UMA OUTRA TERRA

Baladas de uma outra terra, aliadas
Às saudades das fadas, amadas por gnomos idos,
Retinem lívidas ainda aos ouvidos
Dos luares das altas noites aladas...
Pelos canais barcas erradas
Segredam-se rumos descridos...

E tresloucadas ou casadas com o som das baladas,
As fadas são belas e as estrelas
São delas... Ei-las alheadas...

E são fumos os rumos das barcas sonhadas,
Nos canais fatais iguais de erradas,
As barcas parcas das fadas,
Das fadas aladas e hiemais
E caladas...

Toadas afastadas, irreais, de baladas...
Ais...

BATE A LUZ NO CIMO...

Bate a luz no cimo
Da montanha, vê...
Sem querer eu cismo
Mas não sei em quê...

Não sei que perdi
Ou que não achei...
Vida que vivi,
Que mal eu a amei!...

Hoje quero tanto
Que o não posso ter,
De manhã há o pranto
E ao anoitecer...

Tomara eu ter jeito
Para ser feliz...
Como o mundo é estreito,
E o pouco que eu quis!

Vai morrendo a luz
No alto da montanha...
Como um rio a flux
A minha alma banha,

Mas não me acarinha,
Não me acalma nada...
Pobre criancinha
Perdida na estrada!...

BRILHA UMA VOZ NA NOITE...

Brilha uma voz na noite
De dentro de fora ouvi-a...
Ó Universo, eu sou-te...
Oh, o horror da alegria
Deste pavor, do archote
Se apagar, que me guia!

Cinzas de ideia e de nome
Em mim, e a voz: Ó mundo,
Sermente em ti eu sou-me...
Mero eco de mim, me inundo
De ondas de negro lume
Em que pra Deus me afundo.

CANÇÃO

Silfos ou gnomos tocam?...
Roçam nos pinheirais
Sombras e bafos leves
De ritmos musicais.

Ondulam como em voltas
De estradas não sei onde
Ou como alguém que entre árvores
Ora se mostra ou esconde.

Forma longínqua e incerta
Do que eu nunca terei...
Mal ouço e quase choro.
Por que choro não sei.

Tão tênue melodia
Que mal sei se ela existe
Ou se é só o crepúsculo,
Os pinhais e eu estar triste.

Mas cessa, como uma brisa
Esquece a forma aos seus ais;
E agora não há mais música
Do que a dos pinheirais.

CANSA SENTIR QUANDO SE PENSA

Cansa sentir quando se pensa.
No ar da noite a madrugar
Há uma solidão imensa
Que tem por corpo o frio do ar.

Neste momento insone e triste
Em que não sei quem hei de ser,
Pesa-me o informe real que existe
Na noite antes de amanhecer.

Tudo isto me parece tudo.
E é uma noite a ter um fim
Um negro astral silêncio surdo
E não poder viver assim.

(Tudo isto me parece tudo.
Mas noite, frio, negror sem fim,
Mundo mudo, silêncio mudo —
Ah, nada é isto, nada é assim!)

CERCA DE GRANDES MUROS QUEM TE SONHAS - CONSELHO

Cerca de grandes muros quem te sonhas.
Depois, onde é visível o jardim
Através do portão de grade dada,
Põe quantas flores são as mais risonhas,
Para que te conheçam só assim.
Onde ninguém o vir não ponhas nada.

Faze canteiros como os que outros têm,
Onde os olhares possam entrever
O teu jardim com lho vais mostrar.
Mas onde és teu, e nunca o vê ninguém,
Deixa as flores que vêm do chão crescer
E deixa as ervas naturais medrar.

Faze de ti um duplo ser guardado;
E que ninguém, que veja e fite, possa
Saber mais que um jardim de quem tu és —
Um jardim ostensivo e reservado,
Por trás do qual a flor nativa roça
A erva tão pobre que nem tu a vês...

CESSA O TEU CANTO!

Cessa o teu canto!
Cessa, que, enquanto
O ouvi, ouvia
Uma outra voz
Com que vindo
Nos interstícios
Do brando encanto
Com que o teu canto
Vinha até nós.

Ouvi-te e ouvi-a
No mesmo tempo
E diferentes
Juntas cantar.
E a melodia
Que não havia.
Se agora a lembro,
Faz-me chorar.

CHOVE. É DIA DE NATAL

Chove. É dia de Natal.
Lá para o Norte é melhor:
Há a neve que faz mal,
E o frio que ainda é pior.

E toda a gente é contente
Porque é dia de o ficar.
Chove no Natal presente.
Antes isso que nevar.

Pois apesar de ser esse
O Natal da convenção,
Quando o corpo me arrefece
Tenho o frio e Natal não.

Deixo sentir a quem quadra
E o Natal a quem o fez,
Pois se escrevo ainda outra quadra
Fico gelado dos pés.

CHOVE. HÁ SILÊNCIO, PORQUE A MESMA CHUVA

Chove. Há silêncio, porque a mesma chuva
Não faz ruído senão com sossego.
Chove. O céu dorme. Quando a alma é viúva
Do que não sabe, o sentimento é cego.
Chove. Meu ser (quem sou) renego...

Tão calma é a chuva que se solta no ar
(Nem parece de nuvens) que parece
Que não é chuva, mas um sussurrar
Que de si mesmo, ao sussurrar, se esquece.
Chove. Nada apetece...

Não paira vento, não há céu que eu sinta.
Chove longínqua e indistintamente,
Como uma coisa certa que nos minta,
Como um grande desejo que nos mente.
Chove. Nada em mim sente...

CHOVE? NENHUMA CHUVA CAI...

Chove? Nenhuma chuva cai...
Então onde é que eu sinto um dia
Em que ruído da chuva atrai
A minha inútil agonia?

Onde é que chove, que eu o ouço?
Onde é que é triste, ó claro céu?
Eu quero sorrir-te, e não posso,
Ó céu azul, chamar-te meu...

E o escuro ruído da chuva
É constante em meu pensamento.
Meu ser é a invisível curva
Traçada pelo som do vento...

E eis que ante o sol e o azul do dia,
Como se a hora me estorvasse,
Eu sofro... E a luz e a sua alegria
Cai aos meus pés como um disfarce.

Ah, na minha alma sempre chove.
Há sempre escuro dentro de mim.
Se escuro, alguém dentro de mim ouve
A chuva, como a voz de um fim...

Os céus da tua face, e os derradeiros
Tons do poente segredam nas arcadas...

No claustro sequestrando a lucidez
Um espasmo apagado em ódio à ânsia
Põe dias de ilhas vistas do convés

No meu cansaço perdido entre os gelos,
E a cor do outono é um funeral de apelos
Pela estrada da minha dissonância...

COMEÇA A IR SER DIA

Começa a ir ser dia,
O céu negro começa,
Numa menor negrura
Da sua noite escura,
A ter uma cor fria
Onde a negrura cessa.

Um negro azul-cinzento
Emerge vagamente
De onde o oriente dorme
Seu tardo sono informe,
E há um frio sem vento
Que se ouve e mal se sente.

Mas eu, o mal-dormido,
Não sinto noite ou frio,
Nem sinto vir o dia
Da solidão vazia.
Só sinto o indefinido
Do coração vazio.

Em vão o dia chega
Quem não dorme, a quem
Não tem que ter razão
Dentro do coração,
Que quando vive nega
E quando ama não tem.

Em vão, em vão, e o céu
Azula-se de verde
Acinzentadamente.
Que é isto que a minha alma sente?
Nem isto, não, nem eu,
Na noite que se perde.

COMO A NOITE É LONGA!

Como a noite é longa!
Toda a noite é assim...
Senta-te, ama, perto
Do leito onde esperto.
Vem pr'ao pé de mim...

Amei tanta coisa...
Hoje nada existe.
Aqui ao pé da cama
Canta-me, minha ama,
Uma canção triste.

Era uma princesa
Que amou... Já não sei...
Como estou esquecido!
Canta-me ao ouvido
E adormecerei...

Que é feito de tudo?
Que fiz eu de mim?
Deixa-me dormir,

Dormir a sorrir
E seja isto o fim.

COMO INÚTIL TAÇA CHEIA

Como inútil taça cheia
Que ninguém ergue da mesa,
Transborda de dor alheia
Meu coração sem tristeza.

Sonhos de mágoa figura
Só para ter que sentir
E assim não tem a amargura
Que se temeu a fingir.

Ficção num palco sem tábuas
Vestida de papel seda
Mima uma dança de mágoas
Para que nada suceda.

COMO UMA VOZ DE FONTE QUE CESSASSE

Como uma voz de fonte que cessasse
(E uns para os outros nossos vãos olhares
Se admiraram), p'ra além dos meus palmares
De sonho, a voz que do meu tédio nasce

Parou... Apareceu já sem disfarce
De música longínqua, asas nos ares,
O mistério silente como os mares,
Quando morreu o vento e a calma pasce...

A paisagem longínqua só existe
Para haver nela um silêncio em descida
P'ra o mistério, silêncio a que a hora assiste...

E, perto ou longe, grande lago mudo,
O mundo, o informe mundo onde há a vida...
E Deus, a Grande Ogiva ao fim de tudo...

CONTA A LENDA QUE DORMIA

Conta a lenda que dormia
Uma Princesa encantada
A quem só despertaria
Um Infante, que viria
De além do muro da estrada.

Ele tinha que, tentado,
Vencer o mal e o bem,
Antes que, já libertado,
Deixasse o caminho errado
Por o que à Princesa vem.

A Princesa Adormecida,
Se espera, dormindo espera.
Sonha em morte a sua vida,
E orna-lhe a fronte esquecida,
Verde, uma grinalda de hera.

Longe o Infante, esforçado,
Sem saber que intuito tem,
Rompe o caminho fadado.
Ele dela é ignorado.
Ela para ele é ninguém.

Mas cada um cumpre o Destino —
Ela dormindo encantada,
Ele buscando-a sem tino
Pelo processo divino

Que faz existir a estrada.
E, se bem que seja obscuro
Tudo pela estrada fora,
E falso, ele vem seguro,
E, vencendo estrada e muro,
Chega onde em sono ela mora.
E, inda tonto do que houvera,
A cabeça, em maresia,
Ergue a mão, e encontra hera,
E vê que ele mesmo era
A Princesa que dormia.

CONTEMPLO O LAGO MUDO

Contemplo o lago mudo
Que uma brisa estremece.
Não sei se penso em tudo
Ou se tudo me esquece.

O lago nada me diz,
Não sinto a brisa mexê-lo
Não sei se sou feliz
Nem se desejo sê-lo.

Trêmulos vincos risonhos
Na água adormecida.
Por que fiz eu dos sonhos
A minha única vida?

CONTEMPLO O QUE NÃO VEJO

Contemplo o que não vejo.
É tarde, é quase escuro.
E quanto em mim desejo
Está parado ante o muro.

Por cima o céu é grande;
Sinto árvores além;
Embora o vento abrande,
Há folhas em vaivém.

Tudo é do outro lado,
No que há e no que penso.
Nem há ramo agitado
Que o céu não seja imenso.

Confunde-se o que existe
Com o que durmo e sou.
Não sinto, não sou triste.
Mas triste é o que estou.

DÁ A SURPRESA DE SER

Dá a surpresa de ser.
É alta, de um louro escuro.
Faz bem só pensar em ver
Seu corpo meio maduro.

Seus seios altos parecem
(Se ela tivesse deitada)
Dois montinhos que amanhecem
Sem ter que haver madrugada.

E a mão do seu braço branco
Assenta em palmo espalhado
Sobre a saliência do flanco
Do seu relevo tapado.

Apetece como um barco.
Tem qualquer coisa de gomo.
Meu Deus, quando é que eu embarco?
Ó fome, quando é que eu como?

DA MINHA IDEIA DO MUNDO

Da minha ideia do mundo
Caí...
Vácuo além do profundo,
Sem ter Eu nem Ali...

Vácuo sem si-próprio, caos
De ser pensado como ser...
Escada absoluta sem degraus...
Visão que se não pode ver...

Além-Deus! Além-Deus! Negra calma...
Clarão do Desconhecido...
Tudo tem outro sentido, ó alma,
Mesmo o ter-um-sentido...

DE ONDE É QUASE O HORIZONTE

De onde é quase o horizonte
Sobe uma névoa ligeira
E afaga o pequeno monte
Que para na dianteira.

E com braços de farrapo
Quase invisíveis e frios,
Faz cair seu ser de trapo
Sobre os contornos macios.

Um pouco de alto medito
A névoa só com a ver.
A vida? Não acredito.
A crença? Não sei viver.

DE QUEM É O OLHAR

De quem é o olhar
Que espreita por meus olhos?
Quando penso que vejo,
Quem continua vendo
Enquanto estou pensando?
Por que caminhos seguem,
Não os meus tristes passos,
Mas a realidade
De eu ter passos comigo?

Às vezes, na penumbra
Do meu quarto, quando eu
Por mim próprio mesmo
Em alma mal existo,

Toma um outro sentido
Em mim o Universo —
É uma nódoa esbatida
De eu ser consciente sobre
Minha ideia das coisas.

Se acenderem as velas
E não houver apenas
A vaga luz de fora —
Não sei que candeeiro
Aceso onde na rua —
Terei foscos desejos
De nunca haver mais nada
No Universo e na Vida
De que o obscuro momento
Que é minha vida agora!

Um momento afluente
Dum rio sempre a ir
Esquecer-se de ser,
Espaço misterioso
Entre espaços desertos
Cujo sentido é nulo
E sem ser nada a nada.
E assim a hora passa
Metafisicamente.

DITOSOS A QUEM ACENA MARINHA

Ditosos a quem acena
Um lenço de despedida!
São felizes: têm pena...
Eu sofro sem pena a vida.

Doo-me até onde penso,
E a dor é já de pensar,
Órfão de um sonho suspenso
Pela maré a vazar...

E sobe até mim, já farto
De improfícuas agonias,
No cais de onde nunca parto,
A maresia dos dias.

DIZEM?

Dizem?
Esquecem.
Não dizem?
Disseram.

Fazem?
Fatal.
Não fazem?
Igual.

Por quê
Esperar?
Tudo é
Sonhar.

DOBRE

Peguei no meu coração
E pu-lo na minha mão

Olhei-o como quem olha
Grãos de areia ou uma folha.

Olhei-o pávido e absorto
Como quem sabe estar morto;

Com a alma só comovida
Do sonho e pouco da vida.

DORME ENQUANTO EU VELO...

Dorme enquanto eu velo...
Deixa-me sonhar...
Nada em mim é risonho.
Quero-te para sonho,
Não para te amar.

A tua carne calma
É fria em meu querer.
Os meus desejos são cansaços.
Nem quero ter nos braços
Meu sonho do teu ser.

Dorme, dorme, dorme,
Vaga em teu sorrir...
Sonho-te tão atento
Que o sonho é encantamento
E eu sonho sem sentir.

DORME, QUE A VIDA É NADA!

Dorme, que a vida é nada!
Dorme, que tudo é vão!
Se alguém achou a estrada,
Achou-a em confusão,
Com a alma enganada.

Não há lugar nem dia
Para quem quer achar,
Nem paz nem alegria
Para quem, por amar,
Em quem ama confia.

Melhor entre onde os ramos
Tecem docéis sem ser
Ficar como ficamos,
Sem pensar nem querer,
Dando o que nunca damos.

DORME SOBRE O MEU SEIO

Dorme sobre o meu seio,
Sonhando de sonhar...
No teu olhar eu leio
Um lúbrico vagar.
Dorme no sonho de existir
E na ilusão de amar.

Tudo é nada, e tudo
Um sonho finge ser.
O 'spaço negro é mudo.
Dorme, e, ao adormecer,
Saibas do coração sorrir
Sorrisos de esquecer.

Dorme sobre o meu seio,
Sem mágoa nem amor...
No teu olhar eu leio
O íntimo torpor
De quem conhece o nada-ser
De vida e gozo e dor.

DO VALE À MONTANHA

Do vale à montanha,
Da montanha ao monte,
Cavalo de sombra,
Cavaleiro monge,
Por casas, por prados,
Por Quinta e por fonte,
Caminhais aliados.

Do vale à montanha,
Da montanha ao monte,
Cavalo de sombra,
Cavaleiro monge,
Por penhascos pretos,
Atrás e defronte,
Caminhais secretos.

Do vale à montanha,
Da montanha ao monte,
Cavalo de sombra,
Cavaleiro monge,
Por quanto é sem fim,
Sem ninguém que o conte,
Caminhais em mim.

DURMO. SE SONHO, AO DESPERTAR NÃO SEI

Durmo. Se sonho, ao despertar não sei
Que coisas eu sonhei.
Durmo. Se durmo sem sonhar, desperto
Para um espaço aberto
Que não conheço, pois que despertei
Para o que inda não sei.
Melhor é nem sonhar nem não sonhar
E nunca despertar.

É BRANDO O DIA, BRANDO O VENTO

É brando o dia, brando o vento
É brando o sol e brando o céu.
Assim fosse meu pensamento!
Assim fosse eu, assim fosse eu!

Mas entre mim e as brandas glórias
Deste céu limpo e este ar sem mim
Intervêm sonhos e memórias...
Ser eu assim ser eu assim!

Ah, o mundo é quanto nós trazemos.
Existe tudo porque existo.
Há porque vemos.
E tudo é isto, tudo é isto!

ELA CANTA, POBRE CEIFEIRA

Ela canta, pobre ceifeira,
Julgando-se feliz talvez;
Canta, e ceifa, e a sua voz, cheia
De alegre e anônima viuvez,

Ondula como um canto de ave
No ar limpo como um limiar,
E há curvas no enredo suave
Do som que ela tem a cantar.

Ouvi-la alegra e entristece,
Na sua voz há o campo e a lida,
E canta como se tivesse
Mais razões pra cantar que a vida.

Ah, canta, canta sem razão!
O que em mim sente 'stá pensando.
Derrama no meu coração a tua incerta voz ondeando!

Ah, poder ser tu, sendo eu!
Ter a tua alegre inconsciência,
E a consciência disso! Ó céu!
Ó campo! Ó canção! A ciência

Pesa tanto e a vida é tão breve!
Entrai por mim dentro!
Tornai minha alma a vossa sombra leve!
Depois, levando-me, passai!

ELA IA, TRANQUILA PASTORINHA

Ela ia, tranquila pastorinha,
Pela estrada da minha imperfeição.
Segui-a, como um gesto de perdão,
O seu rebanho, a saudade minha...

"Em longes terras hás de ser rainha
Um dia lhe disseram, mas em vão...
Seu vulto perde-se na escuridão...
Só sua sombra ante meus pés caminha...

Deus te dê lírios em vez desta hora,
E em terras longe do que eu hoje sinto
Serás, rainha não, mas só pastora

Só sempre a mesma pastorinha a ir,
E eu serei teu regresso, esse indistinto
Abismo entre o meu sonho e o meu porvir...

ELAS SÃO VAPOROSAS
MINUETE INVISÍVEL

Elas são vaporosas,
Pálidas sombras, as rosas
Nadas da hora lunar...

Vêm, aéreas, dançar
Com perfumes soltos
Entre os canteiros e os buxos...
Chora no som dos repuxos
O ritmo que há nos seus vultos...

Passam e agitam a brisa...
Pálida, a pompa indecisa
Da sua flébil demora
Paira em auréola à hora...

Passam nos ritmos da sombra...
Ora é uma folha que tomba,
Ora uma brisa que treme
Sua leveza solene...
E assim vão indo, delindo
Seu perfil único e lindo,
Seu vulto feito de todas,
Nas alamedas, em rodas,
No jardim lívido e frio...

Passam sozinhas, a fio,
Como um fumo indo, a rarear,
Pelo ar longínquo e vazio,
Sob o, disperso pelo ar,
Pálido pálio lunar...

EM BUSCA DA BELEZA

Soam vãos, dolorido epicurista,
Os versos teus, que a minha dor despreza;
Já tive a alma sem descrença presa
Desse teu sonho, que perturba a vista.

Da Perfeição segui em vã conquista,
Mas vi depressa, já sem a alma acesa,
Que a própria ideia em nós dessa beleza
Um infinito de nós mesmos dista.

Nem à nossa alma definir podemos
A Perfeição em cuja estrada a vida,
Achando-a intérmina, a chorar perdemos.

O mar tem fim, o céu talvez o tenha,
Mas não a ânsia da coisa indefinida
Que o ser indefinida faz tamanha.

EM HORAS INDA LOURAS, LINDAS

Em horas inda louras, lindas
Clorindas e Belindas, brandas,
Brincam no tempo das berlindas,
As vindas vendo das varandas,
De onde ouvem vir a rir as vindas
Fitam a fio as frias bandas.

Mas em torno à tarde se entorna
A atordoar o ar que arde
Que a eterna tarde já não torna!
E o tom de atoarda todo o alarde
Do adornado ardor transtorna
No ar de torpor da tarda tarde.

E há nevoentos desencantos
Dos encantos dos pensamentos
Nos santos lentos dos recantos
Dos bentos cantos dos conventos...
Prantos de intentos, lentos, tantos
Que encantam os atentos ventos.

EMISSÁRIO DE UM REI DESCONHECIDO

Emissário de um rei desconhecido,
Eu cumpro informes instruções de além,
E as bruscas frases que aos meus lábios vêm
Soam-me a um outro e anômalo sentido...

Inconscientemente me divido
Entre mim e a missão que o meu ser tem,
E a glória do meu Rei dá-me desdém
Por este humano povo entre quem lido...

Não sei se existe o Rei que me mandou.
Minha missão será eu a esquecer,
Meu orgulho o deserto em que em mim estou...

Mas há! Eu sinto-me altas tradições
De antes de tempo e espaço e vida e ser...
Já viram Deus as minhas sensações...

EM PLENA VIDA E VIOLÊNCIA

Em plena vida e violência
De desejo e ambição,
De repente uma sonolência
Cai sobre a minha ausência.
Desce ao meu próprio coração.

Será que a mente, já desperta
Da noção falsa de viver,
Vê que, pela janela aberta,
Há uma paisagem toda incerta
E um sonho todo a apetecer?

ALÉM-DEUS

I - ABISMO

OLHO O TEJO, e de tal arte
Que me esquece olhar olhando,
E súbito isto me bate
De encontro ao devaneando —
O que é ser-rio, e correr?
O que é está-lo eu a ver?

Sinto de repente pouco,
Vácuo, o momento, o lugar.
Tudo de repente é oco —
Mesmo o meu estar a pensar.
Tudo — eu e o mundo em redor —
Fica mais que exterior.

Perde tudo o ser, ficar,
E do pensar se me some.
Fico sem poder ligar
Ser, ideia, alma de nome
A mim, à terra e aos céus...

E súbito encontro Deus.

II - PASSOU

Passou, fora de Quando,
De Porquê, e de Passando...,

Turbilhão de Ignorado,
Sem ter turbilhonado...,
Vasto por fora do Vasto
Sem ser, que a si se assombra...

O Universo é o seu rasto...
Deus é a sua sombra...

III - A VOZ DE DEUS

Brilha uma voz na noite...
De dentro de fora ouvi-a...
Ó Universo, eu sou-te...
Oh, o horror da alegria
Deste pavor, do archote
Se apagar, que me guia!

Cinzas de ideia e de nome
Em mim, e a voz: Ó mundo,
Sermente em ti eu sou-me...
Mero eco de mim, me inundo
De ondas de negro lume
Em que para Deus me afundo.

IV - A QUEDA

Da minha ideia do mundo
Caí...
Vácuo além de profundo,
Sem ter Eu nem Ali...

Vácuo sem si-próprio, caos
De ser pensado como ser...

Escada absoluta sem degraus...
Visão que se não pode ver...
Além-Deus! Além-Deus! Negra calma...
Clarão de Desconhecido...
Tudo tem outro sentido, ó alma,
Mesmo o ter-um-sentido...

V - BRAÇO SEM CORPO BRANDINDO UM GLÁDIO (Entre a árvore e o vê-la)

Entre a árvore e o vê-la
Onde está o sonho?
Que arco da ponte mais vela
Deus?... E eu fico tristonho
Por não saber se a curva da ponte
É a curva do horizonte...
Entre o que vive e a vida
Pra que lado corre o rio?
Árvore de folhas vestida
— Entre isso e Árvore há fio?
Pombas voando — o pombal
Está-lhes sempre à direita, ou é real?

Deus é um grande Intervalo,
Mas entre quê e quê?...
Entre o que digo e o que calo
Existo? Quem é que me vê?
Erro-me... E o pombal elevado
Está em torno na pomba, ou de lado?

ENTRE O BATER RASGADO DOS PENDÕES

Entre o bater rasgado dos pendões
E o cessar dos clarins na tarde alheia,
A derrota ficou: como uma cheia
Do mal cobriu os vagos batalhões.

Foi em vão que o Rei louco os seus varões
Trouxe ao prolixo prélio, sem ideia.
Água que mão infiel verteu na areia —
Tudo morreu, sem rastro e sem razões.

A noite cobre o campo, que o Destino
Com a morte tornou abandonado.
Cessou, com cessar tudo, o desatino.

Só no luar que nasce os pendões rotos
'Strelam no absurdo campo desolado
Uma derrota heráldica de ignotos.

ENTRE O LUAR E A FOLHAGEM

Entre o luar e a folhagem,
Entre o sossego e o arvoredo,
Entre o ser noite e haver aragem
Passa um segredo.
Segue-o minha alma na passagem.

Tênue lembrança ou saudade,
Princípio ou fim do que não foi,
Não tem lugar, não tem verdade.
Atrai e dói.

Segue-o meu ser em liberdade.

Vazio encanto ébrio de si,
Tristeza ou alegria o traz?
O que sou dele a quem sorri?
Nada é nem faz.
Só de segui-lo me perdi.

ENTRE O SONO E SONHO

Entre mim e o que em mim
É o quem eu me suponho
Corre um rio sem fim.

Passou por outras margens,
Diversas mais além,
Naquelas várias viagens
Que todo o rio tem.

Chegou onde hoje habito
A casa que hoje sou.
Passa, se eu me medito;
Se desperto, passou.

E quem me sinto e morre
No que me liga a mim
Dorme onde o rio corre —
Esse rio sem fim.

EROS E PSIQUE

...E assim vêdes, meu Irmão, que as verdades
que vos foram dadas no Grau de Neófito, e
aquelas que vos foram dadas no Grau de Adepto
Menor, são, ainda que opostas, a mesma verdade.
*(Do Ritual Do Grau De Mestre Do Átrio
Na Ordem Templária De Portugal)*

Conta a lenda que dormia
Uma Princesa encantada
A quem só despertaria
Um Infante, que viria
De além do muro da estrada.

Ele tinha que, tentado,
Vencer o mal e o bem,
Antes que, já libertado,
Deixasse o caminho errado
Por o que a Princesa vem.

A Princesa Adormecida,
Se espera, dormindo espera,
Sonha em morte a sua vida,
E orna-lhe a fronte esquecida,
Verde, uma grinalda de hera.

Longe o Infante, esforçado,
Sem saber que intuito tem,
Rompe o caminho fadado,
Ele dela é ignorado,
Ela para ele é ninguém.

Mas cada um cumpre o Destino
Ela dormindo encantada,
Ele buscando-a sem tino
Pelo processo divino
Que faz existir a estrada.

E, se bem que seja obscuro
Tudo pela estrada fora,
E falso, ele vem seguro,
E vencendo estrada e muro,
Chega onde em sono ela mora,

E, inda tonto do que houvera,
À cabeça, em maresia,
Ergue a mão, e encontra hera,
E vê que ele mesmo era
A Princesa que dormia.

Publicado pela primeira vez in Presença, n.os 41-42, Coimbra, maio de 1934. Acerca da epígrafe que encabeça este poema diz o próprio autor a uma interrogação levantada pelo crítico A. Casais Monteiro, em carta a este último:

A citação, epígrafe ao meu poema "Eros e Psique", de um trecho (traduzido, pois o Ritual é em latim) do Ritual do Terceiro Grau da Ordem Templária de Portugal, indica simplesmente — o que é fato — que me foi permitido folhear os Rituais dos três primeiros graus dessa Ordem, extinta, ou em dormência desde cerca de 1888. Se não estivesse em dormência, eu não citaria o trecho do Ritual, pois se não devem citar (indicando a origem) trechos de Rituais que estão em trabalho [In VO/II.]

ESQUEÇO-ME DAS HORAS TRANSVIADAS PASSOS DA CRUZ

Esqueço-me das horas transviadas
o Outono mora mágoas nos outeiros
E põe um roxo vago nos ribeiros...
Hóstia de assombro a alma, e toda estradas...

Aconteceu-me esta paisagem, fadas
De sepulcros a orgíaco... Trigueiros
Os céus da tua face, e os derradeiros
Tons do poente segredam nas arcadas...

No claustro sequestrando a lucidez
Um espasmo apagado em ódio à ânsia
Põe dias de ilhas vistas do convés

No meu cansaço perdido entre os gelos
E a cor do outono é um funeral de apelos
Pela estrada da minha dissonância...

ESTA ESPÉCIE DE LOUCURA

Esta espécie de loucura
Que é pouco chamar talento
E que brilha em mim, na escura
Confusão do pensamento,

Não me traz felicidade;
Porque, enfim, sempre haverá
Sol ou sombra na cidade.
Mas em mim não sei o que há.

FELIZ DIA PARA QUEM É

Feliz dia para quem é
O igual do dia,
E no exterior azul que vê
Simples confia!

Azul do céu faz pena a quem
Não pode ser
Na alma um azul do céu também
Com que viver

Ah, e se o verde com que estão
Os montes quedos
Pudesse haver no coração
E em seus segredos!

Mas vejo quem devia estar
Igual do dia
Insciente e sem querer passar.
Ah, a ironia

De só sentir a terra e o céu
Tão belo ser
Quem de si sente que perdeu
A alma p'ra os ter!

FLOR QUE NÃO DURA

Flor que não dura
Mais do que a sombra dum momento
Tua frescura
Persiste no meu pensamento.

Não te perdi
No que sou eu,
Só nunca mais, ó flor, te vi
Onde não sou senão a terra e o céu.

FOI UM MOMENTO

Foi um momento
O em que pousaste
Sobre o meu braço,
Num movimento
Mais de cansaço
Que pensamento,
A tua mão
E a retiraste.
Senti ou não?

Não sei. Mas lembro
E sinto ainda
Qualquer memória
Fixa e corpórea
Onde pousaste
A mão que teve
Qualquer sentido
Incompreendido.
Mas tão de leve!...

Tudo isto é nada,
Mas numa estrada
Como é a vida
Há muita coisa
Incompreendida...

Sei eu se quando
A tua mão
Senti pousando

Sobre o meu braço,
E um pouco, um pouco,
No coração,
Não houve um ritmo
Novo no espaço?
Como se tu,
Sem o querer,
Em mim tocasses
Para dizer
Qualquer mistério,
Súbito e etéreo,

Nem que soubesses
Que tinha ser
Assim a brisa
Nos ramos diz
Sem o saber
Uma imprecisa
Coisa feliz.

FOSSE EU APENAS, NÃO SEI ONDE OU COMO

Fosse eu apenas, não sei onde ou como,
Uma coisa existente sem viver,
Noite de Vida sem amanhecer
Entre as sirtes do meu dourado assomo...

Fada maliciosa ou incerto gnomo
Fadado houvesse de não pertencer
Meu intuito gloríola com ter
A árvore do meu uso o único pomo...

Fosse eu uma metáfora somente
Escrita nalgum livro insubsistente
Dum poeta antigo, de alma em outras gamas,

Mas doente, e, num crepúsculo de espadas,
Morrendo entre bandeiras desfraldadas
Na última tarde de um império em chamas...

FRESTA

Em meus momentos escuros
Em que em mim não há ninguém,
E tudo é névoas e muros
Quanto a vida dá ou tem,

Se, um instante, erguendo a fronte
De onde em mim sou aterrado,
Vejo o longínquo horizonte
Cheio de sol posto ou nado

Revivo, existo, conheço,
E, ainda que seja ilusão
O exterior em que me esqueço,
Nada mais quero nem peço.
Entrego-lhe o coração.

FÚRIA NAS TREVAS O VENTO

Fúria nas trevas o vento
Num grande som de alongar,
Não há no meu pensamento
Senão não poder parar.

Parece que a alma tem
Treva onde sopre a crescer
Uma loucura que vem
De querer compreender.

Raiva nas trevas o vento
Sem se poder libertar.
Estou preso ao meu pensamento
Como o vento preso ao ar.

GLOSA

Quem me roubou a minha dor antiga,
E só a vida me deixou por dor?
Quem, entre o incêndio da alma em que o ser periga,
Me deixou só no fogo e no torpor?

Quem fez a fantasia minha amiga,
Negando o fruto e emurchecendo a flor?
Ninguém ou o Fado, e a fantasia siga
A seu infiel e irreal sabor...

Quem me dispôs para o que não pudesse?
Quem me fadou para o que não conheço
Na teia do real que ninguém tece?
Quem me arrancou ao sonho que me odiava
E me deu só a vida em que me esqueço,
"Onde a minha saudade a cor se trava?"

Sangra, sinistro, a alguns o astro baço.
Seus três anéis irreversíveis são
A desgraça, a tristeza, a solidão.
Oito luas fatais fitam no espaço.

Este, poeta, Apolo em seu regaço
A Saturno entregou. A plúmbea mão
Lhe ergueu ao alto o aflito coração.
E, erguido, o apertou, sangrando lasso.

Inúteis oito luas da loucura
Quando a cintura tríplice denota
Solidão e desgraça e amargura!

Mas da noite sem fim um rastro brota,
Vestígios de maligna formosura:
É a lua além de Deus, álgida e ignota.

GRANDES MISTÉRIOS HABITAM

O limiar do meu ser,
O limiar onde hesitam
Grandes pássaros que fitam
Meu transpor tardo de os ver.

São aves cheias de abismo,
Como nos sonhos as há.
Hesito se sondo e cismo,
E à minha alma é cataclismo
O limiar onde está.

Então desperto do sonho
E sou alegre da luz,
Inda que em dia tristonho;
Porque o limiar é medonho
E todo passo é uma cruz.

GUIA-ME SÓ A RAZÃO

Guia-me a só a razão.
Não me deram mais guia.
Alumia-me em vão?
Só ela me alumia.

Tivesse quem criou
O mundo desejado
Que eu fosse outro que sou,
Ter-me-ia outro criado.

Deu-me olhos para ver.
Olho, vejo, acredito.
Como ousarei dizer:
«Cego, fora eu bendito»?

Como olhar, a razão
Deus me deu, para ver
Para além da visão —
Olhar de conhecer.

Se ver é enganar-me,
Pensar um descaminho,
Não sei. Deus os quis dar-me
Por verdade e caminho.

ILUMINA-SE A IGREJA POR DENTRO DA CHUVA

Ilumina-se a igreja por dentro da chuva deste dia,
E cada vela que se acende é mais chuva a bater na vidraça...

Alegra-me ouvir a chuva porque ela é o templo estar aceso,
E as vidraças da igreja vistas de fora são o som da chuva ouvido por dentro...
O esplendor do altar-mor é o eu não poder quase ver os montes
Através da chuva que é ouro tão solene na toalha do altar...

Soa o canto do coro, latino e vento a sacudir-me a vidraça
E sente-se chiar a água no fato de haver coro...

A missa é um automóvel que passa
Através dos fiéis que se ajoelham em hoje ser um dia triste...
Súbito vento sacode em esplendor maior
A festa da catedral e o ruído da chuva absorve tudo
Até só se ouvir a voz do padre água perder-se ao longe
Com o som de rodas de automóvel...

E apagam-se as luzes da igreja
Na chuva que cessa...

INTERVALO

Quem te disse ao ouvido esse segredo
Que raras deusas têm escutado —
Aquele amor cheio de crença e medo
Que é verdadeiro só se é segredado?...
Quem te disse tão cedo?

Não fui eu, que te não ousei dizê-lo.
Não foi um outro, porque não sabia.
Mas quem roçou da testa teu cabelo
E te disse ao ouvido o que sentia?
Seria alguém, seria?

Ou foi só que o sonhaste e eu te o sonhei?
Foi só qualquer ciúme meu de ti
Que o supôs dito, porque o não direi,
Que o supôs feito, porque o só fingi
Em sonhos que nem sei?

Seja o que for, quem foi que levemente,
A teu ouvido vagamente atento,
Te falou desse amor em mim presente
Mas que não passa do meu pensamento
Que anseia e que não sente?

Foi um desejo que, sem corpo ou boca,
A teus ouvidos de eu sonhar-te disse
A frase eterna, imerecida e louca —
A que as deusas esperam da ledice
Com que o Olimpo se apouca.

ISTO

Dizem que finjo ou minto
Tudo que escrevo. Não.
Eu simplesmente sinto
Com a imaginação.
Não uso o coração.

Tudo o que sonho ou passo,
O que me falha ou finda,
É como que um terraço
Sobre outra coisa ainda.
Essa coisa é que é linda.

Por isso escrevo em meio
Do que não está ao pé,
Livre do meu enleio,
Sério do que não é.
Sentir? Sinta quem lê!

LIBERDADE

Ai que prazer
Não cumprir um dever,
Ter um livro para ler
E não fazer!
Ler é maçada,
Estudar é nada.
Sol doira
Sem literatura
O rio corre, bem ou mal,
Sem edição original.
E a brisa, essa,
De tão naturalmente matinal,
Como o tempo não tem pressa...

Livros são papéis pintados com tinta.
Estudar é uma coisa em que está indistinta
A distinção entre nada e coisa nenhuma.

Quanto é melhor, quanto há bruma,
Esperar por D.Sebastião,
Quer venha ou não!

Grande é a poesia, a bondade e as danças...
Mas o melhor do mundo são as crianças,
Flores, música, o luar, e o sol, que peca
Só quando, em vez de criar, seca.

Mais que isto
É Jesus Cristo,
Que não sabia nada de finanças
Nem consta que tivesse biblioteca...

NÃO DIGAS NADA!

Não digas nada!
Nem mesmo a verdade
Há tanta suavidade em nada se dizer
E tudo se entender –
Tudo metade
De sentir e de ver...
Não digas nada
Deixa esquecer

Talvez que amanhã
Em outra paisagem
Digas que foi vã
Toda essa viagem
Até onde quis
Ser quem me agrada...
Mas ali fui feliz
Não digas nada.

NÃO: NÃO DIGAS NADA!

Não: não digas nada!
Supor o que dirá
A tua boca velada
É ouvi-lo já

É ouvi-lo melhor
Do que o dirias.
O que és não vem à flor
Das frases e dos dias.

És melhor do que tu.
Não digas nada: sê!
Graça do corpo nu
Que invisível se vê.

O ANDAIME

O tempo que eu hei sonhado
Quantos anos foi de vida!
Ah, quanto do meu passado
Foi só a vida mentida
De um futuro imaginado!

Aqui à beira do rio
Sossego sem ter razão.
Este seu correr vazio
Figura, anônimo e frio,
A vida vivida em vão.

A 'sp'rança que pouco alcança!
Que desejo vale o ensejo?
E uma bola de criança
Sobre mais que minha 's'prança,
Rola mais que o meu desejo.

Ondas do rio, tão leves
Que não sois ondas sequer,
Horas, dias, anos, breves
Passam — verduras ou neves
Que o mesmo sol faz morrer.

Gastei tudo que não tinha.
Sou mais velho do que sou.
A ilusão, que me mantinha,
Só no palco era rainha:
Despiu-se, e o reino acabou.

Leve som das águas lentas,
Gulosas da margem ida,
Que lembranças sonolentas
De esperanças nevoentas!
Que sonhos o sonho e a vida!

Que fiz de mim? Encontrei-me
Quando estava já perdido.
Impaciente deixei-me
Como a um louco que teime
No que lhe foi desmentido.

Som morto das águas mansas
Que correm por ter que ser,
Leva não só lembranças
Mortas, porque hão de morrer.

Sou já o morto futuro.
Só um sonho me liga a mim —
O sonho atrasado e obscuro
Do que eu devera ser — muro
Do meu deserto jardim.

Ondas passadas, levai-me
Para o alvido do mar!
Ao que não serei legai-me,
Que cerquei com um andaime
A casa por fabricar.

O MAESTRO SACODE A BATUTA

O maestro sacode a batuta,
A lânguida e triste a música rompe...

Lembra-me a minha infância, aquele dia
Em que eu brincava ao pé dum muro de quintal
Atirando-lhe com uma bola que tinha dum lado
O deslizar dum cão verde, e do outro lado
Um cavalo azul a correr com um jockey amarelo...

Prossegue a música, e eis na minha infância
De repente entre mim e o maestro, muro branco,
Vai e vem a bola, ora um cão verde,
Ora um cavalo azul com um jockey amarelo...

Todo o teatro é o meu quintal, a minha infância
Está em todos os lugares e a bola vem a tocar música,
Uma música triste e vaga que passeia no meu quintal
Vestida de cão verde tornando-se jockey amarelo...
(Tão rápida gira a bola entre mim e os músicos...)

Atiro-a de encontro à minha infância e ela
Atravessa o teatro todo que está aos meus pés
A brincar com um jockey amarelo e um cão verde
E um cavalo azul que aparece por cima do muro
Do meu quintal... E a música atira com bolas
À minha infância... E o muro do quintal é feito de gestos
De batuta e rotações confusas de cães verdes
E cavalos azuis e jockeys amarelos...

Todo o teatro é um muro branco de música
Por onde um cão verde corre atrás de minha saudade
Da minha infância, cavalo azul com um jockey amarelo...
E dum lado para o outro, da direita para a esquerda,
Donde há árvores e entre os ramos ao pé da copa
Com orquestras a tocar música,
Para onde há filas de bolas na loja onde a comprei
E o homem da loja sorri entre as memórias da minha infância...

E a música cessa como um muro que desaba,
A bola rola pelo despenhadeiro dos meus sonhos interrompidos,
E do alto dum cavalo azul, o maestro, jockey amarelo
tornando-se preto,
Agradece, pousando a batuta em cima da fuga dum muro,
E curva-se, sorrindo, com uma bola branca em cima da cabeça,
Bola branca que lhe desaparece pelas costas abaixo...

O QUE ME DÓI NÃO É

O que me dói não é
O que há no coração
Mas essas coisas lindas
Que nunca existirão...

São as formas sem forma
Que passam sem que a dor
As possa conhecer
Ou as sonhar o amor.

São como se a tristeza
Fosse árvore e, uma a uma,
Caíssem suas folhas
Entre o vestígio e a bruma.

POBRE VELHA MÚSICA!

Pobre velha música!
Não sei por que agrado,
Enche-se de lágrimas
Meu olhar parado.

Recordo outro ouvir-te,
Não sei se te ouvi
Nessa minha infância
Que me lembra em ti.

Com que ânsia tão raiva
Quero aquele outrora!
E eu era feliz? Não sei:
Fui o outrora agora.

PÕE-ME AS MÃOS NOS OMBROS...

Põe-me as mãos nos ombros...
Beija-me na fronte...
Minha vida é escombros,
A minha alma insonte.

Eu não sei por quê,
Meu desde onde venho,
Sou o ser que vê,
E vê tudo estranho.

Põe a tua mão
Sobre o meu cabelo...
Tudo é ilusão.
Sonhar é sabê-lo.

SONHO. NÃO SEI QUEM SOU

Sonho. Não sei quem sou neste momento.
Durmo sentindo-me. Na hora calma
Meu pensamento esquece o pensamento,
    Minha alma não tem alma.

Se existo é um erro eu o saber. Se acordo
Parece que erro. Sinto que não sei.
Nada quero nem tenho nem recordo.
    Não tenho ser nem lei.

Lapso da consciência entre ilusões,
Fantasmas me limitam e me contêm.
Dorme insciente de alheios corações,
    Coração de ninguém.

SORRISO AUDÍVEL DAS FOLHAS

Sorriso audível das folhas
Não és mais que a brisa ali
Se eu te olho e tu me olhas,
Quem primeiro é que sorri?
O primeiro a sorrir ri.

Ri e olha de repente
Para fins de não olhar
Para onde nas folhas sente
O som do vento a passar
Tudo é vento e disfarçar.

Mas o olhar, de estar olhando
Onde não olha, voltou
E estamos os dois falando
O que se não conversou
Isto acaba ou começou?

TENHO TANTO SENTIMENTO

Tenho tanto sentimento
Que é frequente persuadir-me
De que sou sentimental,
Mas reconheço, ao medir-me,
Que tudo isso é pensamento,
Que não senti afinal.

Temos, todos que vivemos,
Uma vida que é vivida
E outra vida que é pensada,
E a única vida que temos
É essa que é dividida
Entre a verdadeira e a errada.

Qual porém é a verdadeira
E qual errada, ninguém
Nos saberá explicar;
E vivemos de maneira
Que a vida que a gente tem
É a que tem que pensar.

TEUS OLHOS ENTRISTECEM

Teus olhos entristecem
Nem ouves o que digo.
Dormem, sonham esquecem...
Não me ouves, e prossigo.

Digo o que já, de triste,
Te disse tanta vez...
Creio que nunca o ouviste
De tão tua que és.

Olhas-me de repente
De um distante impreciso
Com um olhar ausente.
Começas um sorriso.

Continuo a falar.
Continuas ouvindo
O que estás a pensar,
Já quase não sorrindo.

Até que neste ocioso
Sumir da tarde fútil,
Se esfolha silencioso
O teu sorriso inútil.

TOMAMOS A VILA DEPOIS DE UM INTENSO BOMBARDEAMENTO

A criança loura
Jaz no meio da rua.
Tem as tripas de fora
E por uma corda sua
Um comboio que ignora.

A cara está um feixe
De sangue e de nada.
Luz um pequeno peixe —
Dos que boiam nas banheiras —
À beira da estrada.

Cai sobre a estrada o escuro.
Longe, ainda uma luz doura
A criação do futuro...

E o da criança loura?

VAGA, NO AZUL AMPLO SOLTA

Vaga, no azul amplo solta,
Vai uma nuvem errando.
O meu passado não volta.
Não é o que estou chorando.

O que choro é diferente.
Entra mais na alma da alma.
Mas como, no céu sem gente,
A nuvem flutua calma.

E isto lembra uma tristeza
E a lembrança é que entristece,
Dou à saudade a riqueza
De emoção que a hora tece.

Mas, em verdade, o que chora
Na minha amarga ansiedade
Mais alto que a nuvem mora,
Está para além da saudade.

Não sei o que é nem consinto
À alma que o saiba bem.
Visto da dor com que minto
Dor que a minha alma tem.

COLEÇÃO GRANDES OBRAS

CANCIONEIRO

Fernando Pessoa

VERMELHO MARINHO

Este livro foi impresso em tipologia
Gentium Book Basic, corpo 11/12.